फिर याद

के के दुर्गेश "कसक"

क्रम-सूची

क्रम-सूची

क्रम-सूची

क्रम-सूची

क्रम-सूची

भूमिका

जीवन एक अनवरत चलने वाली कहानी है, एक अविरल अनवरत बहने वाली नदी, जिसमें बहते हुए कभी-कभी मन होता है कि रुक कर कुछ लम्हों को समेट ले, कुछ पलों को भौतिक विज्ञान के उपकरणों का उपयोग कर बस जमा दें, ताकि जब मन हो उसे देख सके, उसे जी सके। लेकिन इस बहती नदी में रुकना ही अप्राकृतिक हैं, असंभव हैं और वो लम्हें गुजर जाते है बस उन लम्हों कि स्मृतियाँ शेष रह जाती है।

इस अविरल अनवरत धारा के साथ बहते हुए मैंने बहुत से दृश्य देखे है, बहुत से मोड़ आए जहां मै परिस्थितियों के अनुदिश मुड़ता चला गया। मै फुलो के गलियारों से भी होकर गुजरा जिनके सुगंध से मै तृप्त हो गया और एहसास मेरे अंदर संग्रहित होते चले गये। मेरे उपर ज्वालामुखी के लावा भी गिरे जिनसे आलिंगन करते हुए अपनी कराहो को समेट लिया, उन दर्दो को महसूस किया और अल्फाज़ो में पिरो दिया।

हां एक कहानी विशेष रही इस अब तक की यात्रा में, फिर मिलुंगा मैं उससे या नहीं ये तो उपरवाला ही जाने लेकिन मेरे अंदर संग्रहित उसकी यादें किसी गुलाब मे सहेजे खुशबू कि तरह महकती रहेगी।

आज से कुछ वर्ष पहले जो वो एक कहानी मुझसे होकर गुजर गई, मेरे अंदर कई रंग बिखेर दिए, कई तारो को उसने अनायास ही छू दिया और मै तरंगित हो उठा। उन्हीं सूरु को, उन्हीं रंगो

को मै बस कोरे कागज पर उड़ेल देता हूं।

यह किताब भी उसी को समर्पित हैं जिसने इस कहानी कि शुरूवात कि थी बेशक वो आज मेरे साथ नहीं हैं इस धारा मे कुछ दुर साथ बहते-बहते किसी मोड़ पर वह मुड़ गई लेकिन वो कहानी मेरे अंदर आज भी संग्रहित हैं।

यह पुस्तक "फिर याद" मेरा मेरे खुद से संवाद का कुछ हिस्सा है जो कविताओं और गजलों मे ढल गया है। बस दिल से पढ़िये पुस्तक को और महसूस किजिए एहसासो को।

"गीत गजल कविता सब तुम्ही हो मेरे,
मैंने तो तुम्हे बस गुनगुनाया है।"

कविता

जब कभी खुलती है मेरी डायरी,

पुरा कमरा तुम्हारी यादो से महक उठता है!

1. फिर तुम्हारी याद आई है

नींद की जगह ली है करवटो ने, ख्वाब तुम्हारी फिर से
आई है।
चुप्पी तोड़ी है बहारों ने, हवाएँ जैसे तुम्हारा नाम गुनगुनाई
है।।
रात ढल गई हो जैसे, ऊषा ने दी हो आवाज रौशनी को।
लिए बरसात आसमां ने तोड़ी हो जैसे अपनी बेचैनी को।।
रंजिशें दबकर सो गई है जैसे, मोहब्बत फिर सुगबुगाई है।
कश्मकश उलझनों के बीच, तुम्हारी फिर याद आई है।।

सुखे बेरंग पतझड़ के बाद, फिर खूबसूरत बसंत आयी हो।
अंधेरी रात बीती हो जैसे, और सुनहरी धुप आयी हो।।
उमस वाली रात के बाद, सुबह की नींद हो जैसे।
निशा को चिरती हूई, कोई किरण की भीड़ हो जैसे।।
चेहरे के सब रंग छट गये है, ऐसी मुस्कान आई है।
कश्मकश उलझनों के बीच, तुम्हारी फिर याद आई है।।

मौसम ने ली है अंगड़ाई जैसे, चांद को चांदनी रास आई
है।
दरवाजा खोला है जैसे दिनकर ने, धुप आज कुछ खास
आई है।।

कई दिनों के संघर्षों के बाद, बीज अंकुरित हुआ हो जैसे।
कई दिनों बाद जैसे मजनूं को लैला का संदेश आया हो।
मोरपंख किताबों से निकला है, सामने तुम्हारी तश्वीर आई है।
कश्मकश उलझनों के बीच, तुम्हारी फिर याद आई है।।

सारे जतन कर लिए मैंने, तुमसे दुर होने के बाद...

लेकिन ये तन्हाई मेरे साथ सांए की तरह अब भी चलती है!

2. मै फिर भी तन्हा हूँ

कई रात खुद को जगाया मैं,
खुद ही खुद को कई दफा मनाया मैं।
समेट कर सांसो की बेचैनियों को,
कई दफा तुम्हारी यादो से पीछा छुड़ाया मैं।।
तन्हाई से उब कर, शहर की महफ़िल में खड़ा हूँ।
मैं फिर भी तन्हा हूँ। मैं फिर भी तन्हा हूँ।।

मेरे शहर मे हर क्षण मेले सी रवानी हैं।
अब तो जैसे मेरी दूनिया भी दीवानी हैं।
हर लम्हा फिर भी मैं तन्हाई खोजता,
दिल की बस अब इतनी सी कहानी है।
तुम्हे खोकर भी मैं बस अब तुम्हारा हूँ।
मैं फिर भी तन्हा हूँ।मैं फिर भी तन्हा हूँ।।

अब तो जैसे दुनियादारी से उब जाता हूँ।
तुम्हारी यादो में ही मैं अब डुब जाता हूँ।।
तुम्हे ढुंढने को नींद में ही चलता हूँ बहुत,
फिर भी हकीकत में तुम्हें मैं कहा पाता हूँ।।
तुम्हे पाने को मैं अब सब कुछ हारा हूँ।
मैं फिर भी तन्हा हूँ। मैं फिर भी तन्हा हूँ।।

हर पल नजर तुम्हारे डगर पर रहती है।

पागल हूँ, दीवाना हूँ, ये दूनिया कहती है।
पता न तुम्हें मैं याद भी हूँ या नहीं,
मेरी तो नींद भी जैसे अब तुम्हारी हैं।
तु कितनी दुर है मुझसे अब जाना हूँ।
मैं फिर भी तन्हा हूँ।मैं फिर भी तन्हा हूँ।।

मैं न लिखूं ये दर्द तो मर जाऊंगा,

ये दर्द मुझे जिंदा रखते है।

3. आह! फिर वेदना मिली

जीवन के इस अनंत पथ पर,
आखों के अश्कों ने आग लगाई।
आह! फिर वेदना मिली मुझे,
कोई कील किसी ने जैसे चुभाई।।

सुख गये मेरे वो सब बाग,
जिसमे पसीना मैंने खुब बहाई।
टुट गई मेरी वो माला,
जिसमें मैंने सपनों के मोती सजाई।।

आह! ये क्या किया मैंने,
अपने जरूरतो का भी गला मैंने दबाई।
दर्द नहीं हुआ तनिक भी दर्द को,
रो-रोकर मैंने अश्रु लाख बहाई।।

साथ खड़ा नहीं मिला कोई,
अपनो ने अपनापन खुब निभाई।
आह! फिर वेदना मिली मुझे,
कोई कील किसी ने जैसे चुभाई ।।

मुस्कुराहट, खुशी और हंसी छीन गये सब,
मैंने खुब बचाई।

कुछ नयन मोती आये नयन पर,
मैंने हंसकर दे दी उन्हें विदाई।।

लघु-लघु जख्मों पर अपने मैंने,
हर दफा उम्मीद की लेप लगाई।।
हाथ जरुर कांपे होंगें उसके,
मेरे हाथों की लकीरें जिसने रचाई।।

कहानी मेरी हर बार,
इसी मोड़ पर आ कर हैं टकराई।
आह! फिर वेदना मिली मुझे,
कोई कील किसी ने जैसे चुभाई।।

तोड़ा, फिर जोड़ दिया, फिर तोड़ा,
मेरे हिस्से मे ये खेल कैसी बनाई।
खुद ही खुद को समेटा मै
भाग्य पर कहां कभी उंगली उठाई।।

पथ पर आ तिमिर ने घेरा मुझको,
मुझपर पहरे कई है बिठाई।
वहीं क्षितिज के कोने से,
मैंने दिनकर को है आवाज लगाई।

कुछ भार लिया लकीरो ने,
कुछ मैंने अपने सिर उठाई।
आह! फिर वेदना मिली मुझे,
कोई कील किसी ने जैसे चुभाई।।

रो देते हैं तुम्हें दर्द में देखकर,

काश! दिल में रहनेवाले को कोई तकलीफ़ न होती।

4. काश!

ऐ खुदा किस्मत के पन्ने में,
कुछ हमारे भी शब्द डाल देते।
काश! हम मुस्कुराते,
तो गम भी मुस्करा देते।।

दर्द देखे नही जाते है मुझसे उनके,
ऐ मालिक तु मुझको इतनी हैसियत देता।
अपने आंसूओं से भींगी कलम से,
काश! मैं उनकी खुशी लिख देता।।

नर्म लफ्ज़ो मे नाम आता है मेरा,
उनके गम से मेरे नाम का वास्ता होता।
नाम लेते वो मेरा और,
काश! उनका गम मेरे नाम होता।।

ना कोई दर्द, न कोई गम उनको,
दिल मे रहने वाले को न कोई तकलीफ़ होती।
महफूज होते वो जमाने मे हर जगह,
काश! दिल की दीवार इतनी मजबूत होती।।

शहर के चौक पर खड़ा हूँ मै,

फिर भी न जाने क्यों सब सूना-सूना लग रहा है!

5. जाओ माफ किया तुम्हें

शहर तो बहुत बड़ा है,
पर खाली-खाली है तुम्हारे सिवा।
सुनने को तो बहुत है मुझे,
पर दिल कि बात किससे कहूंगां मैं तुम्हारे सिवा।।

खुद को और कितना व्यस्त करूं मैं,
तुम्हारी यादे हर शाम मुझे झकझोरती है।
चेहरा तो मुस्कुराता है दूनिया के सामने,
पर एक जंग अंदर-ही-अंदर मुझे तोड़ती है।।

टेबल पर पड़ी किताबो कि ढेर से,
तुम्हारी लौटाई किताब जब मैं पढता हूँ।
पहले पन्ने पर लिखा वो नाम तुम्हारा,
मेरी धड़कने तेज कर देता है।।

सोचा तो था नहीं लिखुंगा तुम्हें फिर कभी,
लेकिन लो कलम फिर उठा ही लिया मैंने।
रूठ कर करुंगा भी क्या मैं तुमसे,
लो आज फिर अल्फाज़ो में तुम्हें सवांर दिया मैंने।।

फैसले और फासले तो होते रहते है,
पर जंग जिंदगी के हारे नहीं जाते है।

मुकम्मल होते है सबके सपने अपने-अपने,
पर यूं दोस्ती के रिश्ते तोड़े नहीं जाते है।।

खता कैसी हुई है मुझसे नहीं पता,
फिर भी सजा देने का हक दिया है मैंने तुम्हें।
जानता हूँ रहम दिल हो तुम,
शायद कह दोगें "जाओ माफ किया तुम्हें" ।।

इससे बड़ी खुशी नहीं मिली अब तक मुझे कहीं,

तुम जब मुस्कुराते हो, तुम्हारा मुस्कुराना देखकर!

6. अच्छा लगता है

फलसफा हो जाय तुम्हारा तो,
दिन का गुजर जाना अच्छा लगता है।
मुस्कुराया करो तुम यूं ही हमेशा
तुम्हे देखकर मुझे मुस्कुराना अच्छा लगता है।।

मुद्दतो बाद तो मुझे एक वजह मिली है,
मेरे लिए ही मुस्कुरा दिया करो।।
दिल की तन्हाइयों को मेरे चीर कर,
कभी यहां महफ़िल सजा दिया करो।।

दिल को छू जाता हैं अंदाज तुम्हारा,
काश कभी तुम्हारे लबो पर मेरा नाम आए।
भीगा हूँ तुम्हारी यादो को बदली से,
काश कभी तुम्हे भी मेरा ख्याल आए।।

कभी नादान सा सवाल पुछना तुम्हारा,
कभी बेवजह रुठ जाना अच्छा लगता है।
मुस्कुराया करो यूं ही तुम हमेशा,
तुम्हे देखकर मुझे मुस्कुराना अच्छा लगता है।।

न रखो उलझनें अब कोई तुम,
हमारे दरमियां हर राज सुलझ जाने दो।

देना हो तो दो हवा नफरतो को,
या अब ये उल्फत ही हो जाने दो।।

मैं सबकुछ हार गया अपना,
क्या खुब है दिल कि खुबसूरती तुम्हारी।
तुम्हारी सादगी का ये असर हैं मुझपे,
इबादत करने लगा हूँ भावनाओं की तुम्हारी।।

हया से पलको का श्रृंगार करना,
वो दायरे मे तुम्हारा रहना अच्छा लगता है।
मुस्कुराया करो यूं ही तुम हमेशा,
तुम्हे देख कर मुझे मुस्कुराना अच्छा लगता है।।

किताब के हर शफा पर जैसे लिखे हो तुम,

तुम्हारी यादे भी कमाल की होती है!

7. तुम्हारी याद आती है

चांद छत पर आता है जब, चांदनी पास आती है।
उषा जब आखें खोलती है, धुप छाव तक आती है।।
निशा जब अलविदा कहती है, दिन खास आता है।
तुम्हरा वो चाकलेट देना, मुझे जब याद आता है।।
हवा जब छू कर गुजरती है, महक कुछ खास आती हैं।
फिर ख्याल उड़ते है जैसे और तुम्हारी याद आती है।।

भौरा कुछ कहता है जब कुमुदिनी से, लम्हा खास होता है।
महताब चमकता है अकेले जब, मुझे कुछ एहसास होता है।
सर्दियों में कोहरे घिरते थे जब,आदमी सामने ही अनजान
होता था।
किताबें लिए साइकिल से तुम्हारा निकलना, क्या कमाल
होता था।
कोहरे फिर घिरते है जब, चेहरे पर एक मायुसी आती है।
फिर ख्याल उड़ते है जैसे और तुम्हारी याद आती है।।

किताब की शफा जब भी पलटू, एक किस्सा खास आता
है।
लिखकर छोड़ दिया जो तुमने, सामने वहीं अल्फाज़ आता
है।
मेरे घर पर मेरे टेबल के सामने कभी-कभी बड़ा बवाल
होता है।

नींद में भी आखें खुली रहती है, सामने तुम्हारा ख्याल
होता है।।
सुबह जब भी उठता हूँ मैं एक दुआ खास आती है।
फिर ख्याल उड़ते है जैसे और तुम्हारी याद आती है।

आ कर मेरी टेबल पर बैठ जाता है जैसे कोई ख्याली हो।
उठाकर मोरपंख किताबों से ऐसे पुछता है जैसे सवाली हो।।
अचानक रात में आकर मुझे युं नींद से जगा जाता है।
जब आईना मुझे अचानक कभी तुम्हारा अक्स दिखा जाता
है।।
करवटो में रात गुजरती है, फिर कहा नींद आती है।
फिर ख्याल उड़ते है जैसे और तुम्हारी याद आती है।

ख्यालों में भी तुम्ही आती हो,

जैसे तुम्हारे सिवा अब कोई ख्याल ही नहीं!

8. महबूब बनी नींद मेरी

सो नहीं रही थी जब आखे मेरी,
पलके एक ख्वाब सजायी थी।
दिल थाम कर मेरा मुझे सुलाने,
नींद महबूब बनकर आयी थी।।

रही आस-पास मेरे कुछ पल,
फिर कुछ पल नजरे चुराया किया।
व्यस्त रहा मैं अपने कामो में,
हाले-हाले उसने पंखा किया।

कुछ न बोल सकी मुझसे,
पर चारों-ओर हक़ जतायी थी।
दिल थाम कर मेरा मुझे सुलाने,
नींद महबूब बनकर आयी थी।।

आ बैठ गयी पास मेरे,
धीरे से गालो पे चुम्बन किया।
छीन ली कलम मेरी,
कागज़ो को उसने तकिया किया।।

फिर न उठा था मैं तो,
हल्की-हल्की वो गुस्सायी थी।

दिल थाम कर मेरा मुझे सुलाने,
नींद महबूब बनकर आयी थी।।

सो गयी वो पास मेरे,
अपनी नाराज़गी छुपाया किया।
बेचैन दिल हुआ मेरा,
मुझसे अब न एक पल रहा गया।।

सो गया मै उसकी बाहों में,
उसने भी अपनी बाहे फैलायी थी।
दिल थाम कर मेरा मुझे सुलाने,
नींद महबूब बनकर आयी थी।।

ऊब गए तुम्हारी बेरुखी से हम,,,

कहीं

तुम्हारी दहलीज से चले जाए या फिर इस दुनिया से विदा ले!

9. एक तरफा प्यार आसान नहीं

मैंने उनको बड़े शिद्दत से चाहा,
लेकिन उनके अंदर मेरे लिए जज्बात नहीं है।
दिल टूट कर बिखर गया उनकी बातो से,
सच में ये एक तरफा प्यार आसान नहीं है।।

आरजु वस्ल की परेशां करती हैं कई दफा,
कई दफा ये नींद भी आखों से रुसवाई निभाती है।
बैठेगें हम साथ कभी और होगी बात दिलो की,
पर उनकी बेरुखी मेरी सारी हसरते तोड़ जाती है।।

पाकिज है ये इश्क मेरा उनके लिए,
दिल में उनके सिवा और कोई आरजू नहीं है।
दिल बेताब रहता है उनके लिए,
पर उनके ही लबो पर मेरा नाम नहीं है।।

कुछ सपने थे जो इन आँखों ने सजाए थे,
अब यहाँ उनका कोई ठिकाना नहीं है।
दिल टूट कर बिखर गया उनकी बातो से,
सच में ये एक तरफा प्यार आसान नहीं है।।

हां जानता हूं उनके status मेरे लिए नहीं है,
फिर भी मैं उसे पढकर excited हो जाता हूँ।
मिल जाए कोई सुराग-ए-हाल उनका,
इसी उम्मीद से हर रोज उनका last seen देखता हूँ ।।

फिक्र खुद से भी ज्यादा मैं उनकी करता हूँ,
पर मेरा हाल पुछ्ने कि उन्हें फुरसत नहीं है।
हाल जान सकुं इसलिए hi लिखकर भेजता हूँ,
पर अब वो मेरे msg का reply करते भी तो नहीं है।।
दिल टूट कर बिखर गया उनकी बातो से,
सच में ये एक तरफा प्यार आसान नहीं है।।

दिन, महीनें और साल पत्ते है उम्र की शाख के,

एक दिन सब झड़ जाएगें!

10. एक और साल बिखर गया

गुजरे लम्हों पर धीरे-धीरे,
अब यादों का पर्दा गिर गया।
उम्र की इस शाख से आज,
एक और साल बिखर गया।।

दिल चीर दिया कुछ लोगों ने,
तो कुछ लोग दिल को छू गए।
कुछ लोगों ने मुझको उठाया,
तो कुछ लोग पास से गुज़र गए।।

अपनों ने लुटा अजनबी की तरह,
फिर भी वक्त के साथ हम सम्भल गए।
दिसम्बर तेरे जाने से,
कुछ चेहरे जेहन से उतर गए।।

खेलते थे जब कागज़ की नाव से,
वक्त क्यो न उस वक्त ठहर गया।
उम्र की इस शाख से आज,
एक और साल बिखर गया।।

सीख लिया बहुत कुछ,
ऐ जिन्दगी तेरे दामन से हमने।
आयी थी ख़ुशियाँ मेरे छत पे जब,
बाटा था मिल के उसे सबने।।

रहते थे सब मेरे ही घर में,
एकाएक सब क्यो निकल गए।
दर्दो ने जब दस्तक दिया,
दस्तुर दुनिया के तब क्यो बदले गए।

ढलते रहता हैं वक़्त बुंद-बुंद "कसक"
कुछ तो तू अब सम्भल गया।।
उम्र की इस शाख से आज,
एक और साल बिखर गया।।

तुम कहो तो गम की दहलीज से तुम्हारी खुशियां छीन लाऊँ,

उदास तुम्हें, मुझसे देखा नहीं जाता..

11. उदास हो क्यो

उदास हो तुम क्यों आजकल,
लब खामोश क्यों अब तुम रखते हो।
क्या खता हो गई हैं मुझसे,
अब क्यों नहीं तुम कुछ कहते हो।।

दोस्तों के दर्द का सौदागर हूँ मैं,
कहो मुस्कुराने कि तुम्हे क्या वजह दूं।
क्या कीमत है तुम्हारी इस नाराजगी का,
कह दो तुम तो मैं अपनी सांसे रोक दूं।।

क्या नफरत है तुम्हैं मुझसे,
या हो खफा मेरे हर पल मुस्कुराने से।
वजह कुछ तो होगी मेरे हमदम,
या फिर खफा हो तुम मेरे अंदाज से।।

सवाल बहुत है मेरे जेहन में,
छोड़ो तुम तंग आ जाओगी।
न रुठा करो मुझसे यूं तुम,
मेरी खुशियां मुझसे रुठ जाएगी।।

तुम मुझे ऐसे ही पसंद करो,

दीपक हूँ, मैं खुद का अंधेरा मिटा नहीं सकता।

12. दीपक बनकर जलने दिया करो

रख दिया दिल जला कर मैंने अपना,
दीपक जलाना मेरे मुकद्दर में नहीं था।
खुशियां आई है आज सबके घर,
मेरा चौखट उनकी जानकारी में नहीं था।।

खुशियां रख लो तुम अपने पास,
मेरे घर मे इनका कोई ठिकाना नहीं है।
न रखो तुम पांव मेरे दहलीज पर,
यूं खामो-खां मुझे तुम्हें रुलाना नही है।।

दर्द लिखने कि आदत है मुझे,
पढकर अल्फाज़ मेरे मुस्कुराया करो।
गमो कि वादियों में रहता हूँ,
कभी-कभी तुम तो मुझे हंसाया करो।।

निराश दो नयनो का आंसू हूं मै,
मोल मेरा क्या लगाओगे तुम,
बहता रहा हूं मैं हमेशा ज़माने में,
दर्द कोई मुझसे कैसे छुपाओगे तुम।।

जलुगां मै उम्र भर बाति बनकर,
तेल कुछ तुम भर दिया करो।
बेशक दिवाली मनाओ तुम,
दीपक बनकर मुझे जलने दिया करो।।

तुम्हारी खुशियां ही बस मायने रखती है मेरे लिए,

फिर साल क्या युग बदल जाए, कोई फर्क नहीं पड़ता!

13. मेरी भी बधाईयाँ स्वीकार करो

खुश रहो तुम उम्र भर,
हर पल कसक को यू ही बेकरार करो।
इस नाचीज़ कि कलम से भी,
नये वर्ष कि बधाईयाँ स्वीकार करो।।

छू न सके तुम्हें गम कभी,
तुम्हारे होठों पर हर पल मुस्कान हो।
विरान हो भले दूनिया मेरी,
पर चौखट से तुम्हारी खुशियों कि आजान हो।।

आए बसंत झुम कर दर तुम्हारे,
तुम्हारी रजा से ही बरसात हो।
नव वर्ष में नये तराने बने,
हर गम से तुम्हें निजात हो।।

झुकी पलको से ही तुम,
हर एक हसीं सुबह का दीदार करो।
इस नाचीज़ कि कलम से भी,
नये वर्ष कि बधाईयाँ स्वीकार करो।।

नाम होगा हर पल तुम्हारा,
हर एक दुआओं में हमारी।
गुजारिश करेगें हम खुदा से,
कि खुबसूरत हो हमेशा दूनिया तुम्हारी।।

जिंदगी के किसी मोड़ पर भी,
ना कभी तुम्हें कोई जख्म मिले।
पसंद आओ तुम हर किसी को,
भुल जाए तुमसे करना लोग शिकवे-गिले।।

हमारा क्या हम तो 'कसक' है,
मेरी खुशियों से भी तुम दरकार करो।
इस नाचीज़ कि कलम से भी,
नये वर्ष कि बधाईयाँ स्वीकार करो।।

सुना था दर्द भी खरीदते है लोग,

अल्फ़ाज़ो में बस उन्हें ही कैद कर रहा हूँ।

14. कवि बना दो मुझे

टुट कर बिखरा हुआ मोती हूँ मैं,
कंठहार बना तुम समेट लो मुझे।
खो न जाये कही हस्ती मेरी,
उठा धागे में लपेट लो मुझे।।

बहुत जख्म दिया है जमाने ने,
हाथों से तुम अपने मरहम लगा दो मुझे।
मेरे शब्दों कि क़ीमत नहीं रही है कही,
अपने पलको पे उठा के अमर बना दो मुझे।।

बाल्यकाल ही हट गया सर का छत मेरा,
सिर-माथे उठा के तुम आसमां बना दो मुझे।
हँस न पाया कई कालो से मैं,
गुनगुना के शब्द मेरे अब हँसा दो मुझे।।

रुका नहीं मैं अबतक राहो मे कहीं,
अपना बताकर तुम थोड़ा आराम दिला दो मुझे।
फ़तेह के लिए लड़ता रहा हूँ वक्त से मैं,
होंठों पे सजा के अब मेरी मंज़िल दिला दो मुझे।।

अक्सर पलको तले सपने टुटते रहें है मेरे,
आँखो मे सजा के तुम हक़ीक़त बना दो मुझे।

अभी हूँ धुंधला सा तुम्हारी आखो मे मैं,
मेरी फलसफा कर सही तश्वीर बना दो मुझे।।

तजुर्बा नहीं उम्र देखते है ये जमाने वाले,
किताबों मे सजा के तुम कवि बना दो मुझे।
लाऊँ जीवन मे मैं भी नई प्रभात कोई,
अवलोकन कर के मेरा रवि बना दो मुझे।।

एक अजीब सा रिश्ता हो गया है तुमसे,

तुम ख्वाब में न आओ, तो जैसे नींद ही पुरी नहीं होती!

15. ख्वाबो में तुम्हारा आना

तू जग मे है या न, पर ख्वाबों मे तेरा आना अच्छा लगता है,
मंद-मंद हवा मे, तेरे केशुओं का लहराना अच्छा लगता है।
ख्वाबों मे तेरा आना अच्छा लगता है।।

तुझको न कभी देखा मैं, न मेरी तुझसे कोई पहचान बनी,
लेकिन बात-बात मे, तेरा मुस्कुराना अच्छा लगता है।
ख्वाबों मे तेरा आना अच्छा लगता है।।

सफ़ेद फूल सी सादगी तेरी, हया पलको का श्रृंगार करें,
तेरी उल्फत मे, मेरे दिल का दीवानापन अच्छा लगता है।
ख्वाबों मे तेरा आना अच्छा लगता है।।

सूरज के निकलते ही अंधेरा दूर हटे, सब ओर श्वेत-श्वेत मुस्काये,
तेरी छवि देख कर, लघु कलियों का शर्माना अच्छा लगता है।
ख्वाबों मे तेरा आना अच्छा लगता है।।

घूँघट के घेरो मे, चाँद कि चाँदनी भी तेरा दीदार करें,

मेरी फलसफा के लिए, तेरा पलको का उठाना अच्छा
लगता है।
ख्वाबों मे तेरा आना अच्छा लगता है।।

धूप कोहसारो से झाँके, कलियाँ मंद-मंद मुस्कायें,
पग-दो-पग चल कर, तेरा पायलो का झनकाना अच्छा
लगता है।
ख्वाबों मे तेरा आना अच्छा लगता है।।

कुछ तो समझा करो जजबातो को भी...

ज़रूरी नहीं की सामने वाला हर बात बाताए!

16. एक कसक

गमो से रिस्ते तोड़ सुखो से नेह के धागे बाधता,
मैं पराया ही सही कुछ मुझपे भी हक़ जताओ।
भूलकर यूँ ही दर्द को मुस्कुराने दो पल-दो-पल,
मुझे मेरी हालत न याद दिलाओ।।

पलको मे आँसू मेरे ग़म के है या ख़ुशी के,
ज्वहरी बन तुम मुझे इसकी पहचान न बताओ।।
मुस्कुराती कलियो को देख मुस्कुरा लेने दो मुझे,
काँटों से है मेरा वास्ता मुझे न सुनाओ।

कसक वाली रातो मे मै खामोश ही सहीं,
खुरेद कर तुम मुझे गुजरे पल न याद दिलाओ।
भूलकर यूँ ही दर्द को मुस्कुराने दो पल-दो-पल,
मुझे मेरी हालत न याद दिलाओ।।

पलको से आँसू गिरे बारिश समझ लेता हूँ मैं,
आसमां मे बादल है या नहीं तुम मुझे न दिखओ।।
निस्सहाय समझ दो वक्त कि रोटी दे देता है कोई,
मेरी हालत पे तुम कोई व्यंग बाण न चलाओ।

कई ठोकरे खाया मै महफिलो से भी रुठ के आया हूँ,
मौन हो मौन ही रहो तुम मुझे मेरी व्यथा न सुनाओ।

भूलकर यूँ ही दर्द को मुस्कुराने दो पल-दो-पल,
मुझे मेरी हालत न याद दिलाओ।।

बहुत रिश्ते बनते हैं अमीरी में,

मुफलीसी में तो करीबी रिश्ते भी टुट जाते हैं!

17. बेसहारा

हैं ख़ामोश क्यो मेरी जिन्दगी यू,
ये जुबां कुछ तो हाल बया कर।
कागज़ ख़ामोश पड़ी हैं मेरी जिन्दगी की,
ये कलम कुछ तो अब नया कलाम कर।।

दिशाहीन हो गये है हम आजकल,
रवि को बादलों ने छिपा रखा है।
कैसे तय करे रास्ते हम मंज़िल के,
राहो मे अपनो ने ही काटे बिछा रखा है।।

ख़ामोश हो गया है मुक़द्दर मेरा,
ये हौसला तू ही कोई नया अंजाम कर।
धूप आये मेरे हिस्सो मे भी,
अब तू कुछ ऐसा इन्तजाम कर।।

औरों को तोड़ने की आदत है जमाने को,
तू खुद को लघु-लघु जोड़ता ही चल।
जीत लिख देगा मुक़द्दर खुद एक दिन तेरे हिस्सो मे,
पल-पल तू यू निराशाओं मे न ढल।।

टूट जाए न कही हस्ती तेरी,
खुद को तू यू न गुमराह कर।।

मंज़िल खुद आयेगी तेरे कदमो में,
बस तू थोड़ा सा अनागत की परवाह कर।।

गरजने की आदत है इन तुफानी बादलों को,
तू घर से समीर बन के निकल।
थम जाएँगे खुद-ब-खुद ये तुफान,
तू खुद सूरज बन के तो जल।।

बहुत अति हो गई वक्त की,
ये "कसक" खुद कि तू अब पहचान कर।
मुफलीसी मे नहीं साथ देते है जमाने वाले,
चल दे तू खुद को अब बेसहारा मानकर।।

मुसाफिर हैं हम,

ऐ जिन्दगी! हम तो बस चलते रहेंगे।

18. कलियों पर उदासी है क्यो

कलियों पर उदासी है क्यो,
क्यो मेरी जिन्दगी गुमसुम सी पड़ी हैं।
किस ख़्वाब कि चोरी हुई,
क्यो मेरी दुनिया नयननीर कि बदली से भीगी है।।

दुर-दूर तक अंधियारा दिख रहा है,
शशि कि कोई किरण नहीं।
जीवन के किस मोड़ पर आज खड़े है हम,
कि दुर-दुर तक राहो पता नहीं।।

जिन्दगी कुछ अनजानी बातें कर रही है,
किस मोड़ पे लाके हमको रख दी।
सावन के वो बादल गये कहाँ,
जिसके जगह तुमने ये तुफ़ानी बादल भर दी।।

घनघोर घटा है छाई अम्बर में,
चाँद-तारे न जाने है कहाँ।
एक जुगनू कि है तलाश मुझे,
सूरज तो है निशा के उस पार खड़ा।।

कदम किधर बढाऊ है कुछ खबर नहीं,
हँसता हूँ देख घनघोर घटाओ को।
हवा कि झोंको मे जो न सम्भल सकें,
वो क्या देगे हम जैसे मुसाफिर को।।

खड़ा हूँ मैं आज अतल के घेरो मे,
राहो मे दिख रही कहीं अनल नहीं।
किस फूल कि है अभिलाषा मुझे,
कि कांटो से है मुझे बैर नहीं।।

रो रही आदित्य के इंतज़ार मे हर कली,
रो रहीं समा, परवाने कि याद में।
आपवाद हूँ मैं इस जग का शायद,
हँस रहा हूँ बैठ तिमिर कि गोद में।।

सामने अंधेरा है पर,
एक केतु अब भी है छिपी मेरे दिल के किसी कोने में।
सूरज कि तरह उजाला करगी वो,
या फ़िर छिप जायेगी शशि कि तरह बादलों मे।।

हर बंदिशें तोड़ तुम्हे एक गुनाह करना है

सितारो की तरह तुम्हे आसमां मे चमकना है।

19. उठ मेरी जान

कज़ा की तारीख में खुद बदलना है तुझे।
उठ मेरी जान, मेरे साथ ही चलना है तूझे।
जिसमे हक ही नहीं वो कहानी नहीं है तु,
कैद है जो पाबंदो में वो निशानी नहीं है तु,
ये आसमाँ तेरा भी है, उड़ने का हक है तुझे भी,
बुझ जाए जो इक फुंक से वो चिंगारी नहीं है तु।
आजाद परिंदो की हसरतो सा मचलना है तुझे।
उठ मेरी जान, मेरे साथ ही चलना है तूझे।।

अपनी जिंदगी का खुद हकदार हैं तु,
अपने सपनों के जहां का राहगार हैं तु।
हर्फ से निकलकर चमकता है जो आसमां में,
उस सितारे के मुकाम का दावेदार हैं तु।
तु चमकता सितारा है, खुद पहचानना हैं तुझे।
उठ मेरी जान, मेरे साथ ही चलना है तूझे।

तु मुकद्दर का सिकंदर हैं, फिर लड़खड़ाती है क्यों
तेरे हाथो में भी लकीरें हैं,फिर डर जाती हैं क्यो
क्यो तु सर झुका देती हैं इन नामर्द मर्दो के आगे
तुझमें शोले भी है, फिर हर दफा ये नजाकत ही क्यो।
अब फर्ज के हर बंधन को तोड़ना हैं तुझे।
उठ मेरी जान, मेरे साथ ही चलना है तूझे।

जो छेड़े तुझे ये जहरीली हवा, तो हवाओ को मोड़ दे।
रुकावट बने कोई फर्ज कि जंजीर, तो जंजीर तोड़ दे।
आदत है ज़माने की उँगली उठाने की, फिक्र न कर
तु खुद की ताकत बन, खुद का खुद से नाता जोड़ दे।
लघु-लघु तन्हा ही, हर शय से लड़ना है तूझे।
उठ मेरी जान, मेरे साथ ही चलना है तूझे।

तेरे आंचल के साये से अब बहुत दुर चले आये है माँ,

शहर में तेरे निवाले जैसा स्वाद नहीं मिलता है!

20. माँ

तेरे होने से हूँ मैं,
मेरे वजूद का तु हकदार है माँ।
तुझपे सुख-ए-जहां वारु मैं,
मेरे लिए तु सबसे प्यारी है माँ।।

मेरे नन्हे से पैरो को सहारा तुमने दिया,
मुझे जब भी दर्द हुआ रो तुमने दिया।
मेरी हर ख्वाहिश पुरा करने को,
अपने ख्वाहिशों कि कुर्बानी तुमने दिया।।

हजार सुर्य की गर्मी से मुझे बचाती,
आंचल से ढकने कि वो ढंग न्यारी थी माँ।
जिन्दगी कि आपा-धापी में तुम्हें एहसास नहीं दिला पाता हूँ,
कि तु मेरे लिए कितनी प्यारी हैं माँ।।

बचपन में तेरी नींद चुरा कर,
मैं चैन से सोता था।
और कभी-कभी तेरी उंगली पकड़ कर,
तुम्हें घंटों इधर-उधर घुमाता था।।

याद है तुम्हें माँ मैं कहता था,

कि मुझे इस अंधेरे से डर लग रहा है।
और तुम कहती मैं हुं न,
और मैं बिना डरे कितने अंधेरे पार कर जाता था।।

भले ही भर पेट खाया हो हमने,
पर तुम्हें खाते देख, तुम्हारी थाली तक चला जाता था।
तेरे हाथो से खाये गए,
निवालो जैसा स्वाद अब नहीं मिल पाता है माँ।।
मेरे लिए तु सबसे प्यारी हैं माँ।

मै जब भी गिरता था,
तु हल्की सी फुंक मार कर मेरा चोट ठिक कर देती थी।
मैं जब कभी रातो में सोता नहीं था,
तुम मुझे घंटो लोरियाँ सुनाया करती थी।।

मै जब कभी रुठ जाता था,
तुम मुझे घंटो मनाया करती थी।
जिन्दगी के दौर में मैं जब भी हताश होता हूँ,
प्यार से मेरे सिर पर हाथ फेरना अच्छा लगता है माँ।
तुझपे सुख-ए-जहां वारु मैं,
मेरे लिए तु सबसे प्यारी है माँ।।

जिस्म, जान और ये सांसे सबकुछ दाव पर है

हे वीर! तुझसे बड़ा बलिदानी कौन है

21. वीर तेरा बलिदान

आखे नम है सबकी इस शहादत से,
कैसे मैं अपने देश की हालत बया करूँ।
बुझ गये है आज चिरांग कितनो के,
किन-किन के आसुओ का मैं हिसाब धरु।।

राखी टूट गयी है बहना की,
भारतवासियों देखो तुम्हारी सुरक्षा में।
नम आखो से वो छोटा बच्चा चला,
आज अपने बापू के इस शव यात्रा में।।

सपने टूट गये है कितनो के,
ख्वाहिशों की अभी-अभी कई चिता जली।
जग जाती है अब तो वो नींदों से,
हर माँ के चेहरे से ख़ुशी की रंग उड़ी।।

रुकते नहीं अब ये नयन मोती,
कैसे मैं अपनी कलम अभी विराम करूँ।
बुझ गये हैं आज चिरांग कितनो के,
किन-किन के आसुओ का मैं हिसाब धरु।।

नन्हे-नन्हे हाथों ने मुखअग्नि दी,
'पापा' कहना अभी-अभी तो वो सीखे थे।

पिता भी उदास,मौन खड़ा रहा वहाँ,
अपनी तक़दीर तो खुद किसी ने नहीं लिखे थे।।

विधवा हुई आज सुहागन वो,
मिलकर सपने न जाने कितने वो संयोए थे।
लाश पड़ी है सुहाग की सामने उसके,
हे विधाता आख़िर ये उसके कौन से कुयोगे थें।।

वीर तेरा ये बलिदान बड़ा दुखदाई है,
'कसक' कहती कलम ये कैसे मैं बया करूँ।
बुझ गये है आज चिराग कितनो के,
किन-किन के आँसुओ का मैं हिसाब धरूँ।।

सब सवाल ही रोटी का था,

ऐ शहर तुने वो भी छीन लिया।

22. मजदूर गांव जा रहा है

सजाया जिस शहर को खुन-पसीनो से
वहीं से होकर लाचार गांव जा रहा हैं।
तपन कुछ तो कम कर ऐ रास्ता,
आज तेरे उपर से तेरा भगवान जा रहा है।

पांव नंगे हैं, जेब खाली है।
रह-रह के पैरो के दर्द को लपेटता।
पर्दा उठा है शहर के चकाचौंध से,
गांव की याद को अंदर-ही-अंदर समेटता।

आज न खिलौने हैं, न मिठाइयों का डब्बा है
भुख से बिलखते बच्चे हैं, आंखो मे सैलाब जा रहा है।
तपन कुछ तो कम कर ऐ रास्ता,
आज तेरे उपर से, तेरा भगवान जा रहा है।

दूर दूर तक के अंधेरे के मौन को,
रह रह कर सिसकियाँ उसकी तोड़ती।
पर लाचार है, कमजोर है, विवश है,
काश! उसकी सिसकियाँ सियासतदारो के भ्रम को भी
तोड़ती।

मुझे नींद कहा आती हैं,

ये आंखे बार-बार किसी अनजाने के दुख में रोती हैं।
कई दिनो के भुख को दो घुट पानी पिलाकर,
आज भारत माँ भारत के सड़कों पर सोती है।

पैर फुल गये हैं, गला रह-रह कर सुख रहा है
गांव की उम्मीद लिए, दर्द का अम्बार जा रहा हैं।
तपन कुछ तो कम कर ऐ रास्ता
आज तेरे उपर से तेरा भगवान जा रहा है।

फोन आया था कल पत्नी का,
कह रही थी कि बाबु कुछ दिन का मेहमान हैं।
आ सको तो आकर देख लो।
आजकल वो पापा-पापा कहकर बड़ा परेशान हैं।

कल ही तो ये बात हुई, आज वो न रहा,
अब बेटे कि मैयत मे रोने, एक बाप जा रहा हैं।
तपन कुछ तो कम कर ऐ रास्ता
आज तेरे उपर से तेरा भगवान जा रहा हैं।

कई अरसा हो गया तुझसे बिछड़े,

पर तुझमे मैं आज भी जिंदा हूँ।

23. एक बिछड़ा घर

कांपती-कांपती थी तश्वीरे वहां,
खामोश सीढ़ियाँ कुछ कह रही थी।
गूंजती थी आवाज मेरी जहाँ,
आज दीवारे बातें कर रही थीं।।

आंगन बुला रहा था मुँझे,
परछाई साथ-साथ चल रही थी।
खामोशी लिए था वो पहर,
शाम धीरे-धीरे ढल रही थी।

बेतहाशा दौड़ा करता था जहां मैं,
आज पग सम्भल-सम्भल कर पड़ रही थी।
गुंजती थी आवाज मेरी जहां,
आज दीवारे बातें कर रही थी।।

बचपन खेला करता था जहां मेरा,
आज खामोशियां पल रही थी।
कभी खामोश सीढ़ियाँ बुलाती थी मुझे,
तो चौबारे मेरे बचपन की कथा कह रही थी।।

खामोश थी सब चीजे वहां,
रुठ कर मुझसे जैसी अपनी नाराज़गी कह रही थी।

गुंजती थी आवाज मेरी जहाँ,
आज दीवारे बातें कर रहीं थी।।

दे भी क्या सकते है तुम्हारी महफिल से रुसवा हुए लोग,

आज के दिन दुआ बस दुआ देते है तुमको।

24. तुम्हारे जन्मदिवस पर

सजाने को तुम्हारे केशुओ को,
उषा से उसकी रश्मि लाऊँ।
या फिर माथे कि बिंदिया के लिए,
चांद से उसकी चांदनी मांग लू।
तुम्हारे जन्मदिवस पर,
हे प्रिय कहो, मैं तुम्हें क्या उपहार दूं!

लिख-लिख कर मैं,
गजलो में अपने अमर कर दू तुमको।
या फिर इन मुक अल्फाज़ो को,
मै लबो से छु कर आवाज दूं।
हे प्रिय कहो, मैं तुम्हें क्या उपहार दूं!

हर क्षण साथ रहूंगा मैं तुम्हारे,
इस बात का प्रण दूं मैं तुमको।
या फिर आसमां में बैठे खुदा से,
हर जनम के लिए तुम्हें मांग लु।।
हे प्रिय कहो, मैं तुम्हें क्या उपहार दूं!

हर लू तुम्हारे सारे तिमिर को,
सुबह को तुम्हारी पलको से बांध दूं।
या बागों में खिलते इस बसंत को,

तुम्हारी हरी चूड़ियों में साध लूं।।
हे प्रिय कहो, मैं तुम्हे क्या उपहार दूं!

नन्ही प्यारी कलियो जैसी,
तुम्हारे लबो को मैं मुस्कान दूं।
या फिर सोते भाग्य को,
तुम्हारे इन पायलो में बांध दूं।।
हे प्रिय कहो, मैं तुम्हे क्या उपहार दूं!

चांद को छत पर बुला लू,
हवाओ को कुछ पल आराम दूं।
चुम कर तुम्हारे होंठों को,
या फिर तुम्हे गले लगा लूं।।
हे प्रिय कहो, मैं तुम्हें क्या उपहार दूं!

दुर ले चलुं तुम्हें कही,
या खुद ही मे मैं तुमको छुपा लूं।
दिल दुं मैं अपना तुम्हें,
या फिर ये जान दूं।।
हे प्रिय कहो, मैं तुम्हें क्या उपहार दूं!

लगता है आस-पास हो तुम अब भी,

बिछड़ कर तुम मुझसे जैसे बिछड़ी ही नहीं!

25. मैं आज भी तुम्हें ढुढता हूँ

उन रास्तों पर,
जिनसे तुम कभी गुजरा करती थीं।
उन हवाओं मे,
जिनमें कभी तुम्हारी खुश्बू घुलती थी।।
पागलो की तरह, दिन-रात
मैं आज भी तुम्हें ढुढता हूँ वहाँ।

उस इंस्टीट्यूट में,
जहाँ तुम मुझे गुड मोर्निंग विश किया करती थी।
उन कम्प्यूटरस् के सामने,
जहाँ कभी-कभी मेरी उंगलियां तुम्हें छू लेती थी।।
जब भी जाता हूँ,
मै आज भी तुम्हें ढुढता हूँ वहाँ।

उस कालेज में,
जहां तुम अपनी सहेलियों के बीच रहती थी।
उन किताबों में,
जिनपर कुछ लिख कर तुम लौटा दिया करती थी।।
पागंलो की तरह, दिन-रात
मैं आज भी तुम्हें ढुढता हूँ वहाँ।।

उस कोचिंग इंस्टीट्यूट में,
जहाँ तुम मुझसे बात करने से कतराती थी।
और मैं तुम्हारे सामने बैठकर,
तुमसे घंटो न जाने क्या बात करना चाहता था।।
जब भी जाता हूँ,
मै आज भी तुम्हें ढुढता हूँ वहाँ।।

उन चैटस् में,
जिन्हे तुमने शायद अब डिलीट कर दिया होगा।
वो अब भी मेरे पास है,
उन्हें अब भी मैं न जाने क्यों पढता हूँ।
पागलो की तरह, दिन-रात
और मैं आज भी तुम्हें ढुढता हूँ वहाँ।

जब तुमने मुझे एक नजर देखा था,
मेरे घर के सामने, जहाँ वक्त थम-सा गया था।
वहां अब कुछ फुल उग आये है,
उन फुलो में,
मै आज भी तुम्हें ढुढता हूँ वहाँ।।

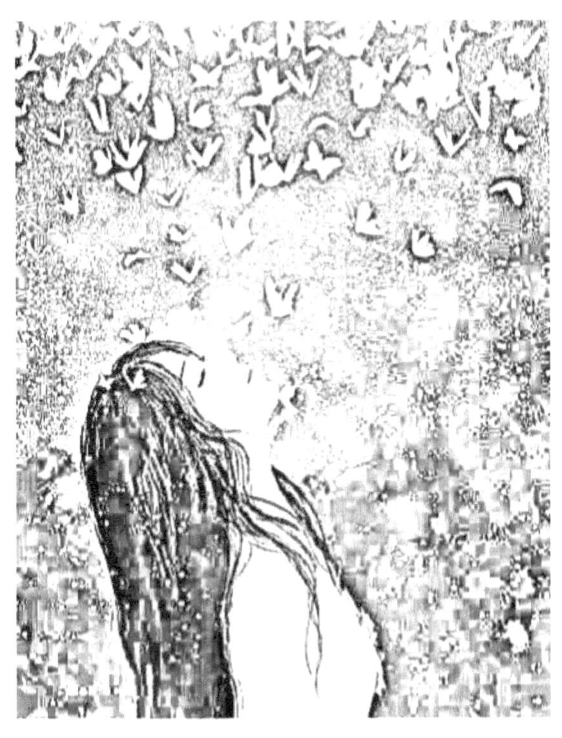

मेरे बाद भी मेरे ही नाम से जानी जाओगी,

कुछ ऐसे कयामत तक तुम जिंदा रहोगी मुझमें!

26. तुम हमेशा जिंदा रहोगी

जब ये सड़कें टुट जाएगी,
उन पर कई बार मरम्मत हो चुका होगा।
जब यह छोटा सा शहर,
एक बहुत बड़े शहर में बदल चुका होगा।
जब तुम्हारे घर के ठीक सामने से,
एक बहुत बड़ी सड़क निकल चूकी होगी।
जब हमलोग सब कुछ खो चुकें होंगें,
शायद यहां हमारा कई बार जन्म हो चुका होगा।

जब कई शहरों के नाम बदल चुकें होंगें,
शायद अपने इस छोटे शहर का नाम भी बदल चुका होगा।
जब सुरज थोड़ा तेज हो गया होगा,
और लोग कुछ ज्यादा गर्मी महसुस कर रहे होंगें।
जब मानव सभ्यता ने खुद को,
और अधिक विकसित कर लिया होगा,
जब प्रकाश से भी तेज चलने वाला,
मानव ने अपना वो दुर्लभ यान बना लिया होगा।

जब किताबों कि जगह,
छोटे-छोटे कम्प्यूटरस् ले लियें होंगें।

जब आधुनिक मानव,
अपने यादों को मिटाने कि तकनीक सीख लिया होगा।
आज से सैकड़ों साल बाद,
तब भी तुम जिंदा रहोगीं, मेरे अल्फाज़ो में।
क्योंकि शब्द कभी नहीं मरते है।
कभी नहीं!

गुम रहता हूं तुममे ही हरदम

तुम्हे याद करने के अलावा जैसे कोई काम ही नहीं।

27. क्या तुम्हे कभी मेरी याद आती हैं

यूं ही कभी,
किसी सवाल को सुलझाते हुए।
या फिर किसी सीरियल में,
मेरे जैसे कोई किरदार देखकर।
दिल के कुछ पुछने पर,
क्या तुम्हे कभी मेरी याद आती है?

वहां जाने पर
जहाँ हमलोग मिला करते थे।
कालेज वाले रास्तो से,
कभी यूं ही किसी काम से गुजरते हुए।
जो तुम्हारी लट को उड़ाकर,
बार-बार चेहरे पर ला देते थे।
और मैं उस लट को अपनी हाथो से,
तुम्हारे कान के पीछे लगा देता था।
उन हवाओं के पुछने पर,
क्या तुम्हे कभी मेरी याद आती है?

किसी रोज अचानक,
मेरे घर के सामने से गुजरते हुए।

कभी घर के चर्चाओं में,
अचानक से मेरा नाम सुनकर,
या फिर पढ़ते-पढ़ते,
किताबों में कोई मोरपंख मिल जाने पर।
क्या तुम्हे कभी मेरी याद आती है?

बेशक तुम मुझसे बात मत करो

मै तो तुम्हारी तश्वीरे पढ लेता हूँ।

28. लग रहा तुम भी टुट गये हो

अब वो रौनक नहीं रही चेहरे पर
तुम्हारी वो मुस्कुराहट भी गायब है।
लग रहा टुट गये हो तुम भी,
मेरी तरह।
हैं न!

तुम्हारे status पर,
अब कोई सवाल नहीं करता होगा।
और तुम्हारे लिए, सिर्फ तुम्हारे लिए,
अब कोई status भी नहीं लगाता होगा,
मेरी तरह।
है न!

अब तुम्हें जरुर,
मेरी याद आती होगी।
बेवजह ही, हर पल,
तुम्हें मेरा ख्याल आता होगा।
मेरी तरह।
है न!

तुम्हारे block कर देने के बाद भी,
अब कोई तुम्हें msg नहीं करता होगा।
अब तुम्हारे रूठने पर,
कोई तुम्हें बेइंतिहा मनाता नहीं होगा।
मेरी तरह।
है न!

हां देखी मैंने तुम्हारी तश्वीर,
उदास सी लग रही थी तुम।
बात कुछ तो होगी,
जो तुम किसी से बताती नहीं होगी।।
मेरी तरह।
है न!

मेरी डायरी में आज भी महफ़ूज़ हो,

इश्क़ हो तुम मेरा, कैसे खो सकता हूँ।

29. चलो न फिर से

चलो न फिर से जीते है?
उन गुजरे लम्हें हो,
जिसे तुमने शायद भुला दिया होगा।
फिर उन्हीं रिश्तों को,
जिसे तुम दोस्ती कहती थी और मैं अधुरा इश्क।

चलो न फिर से,
तुम मेरा status seen करो,
और मैं तुम्हारे status में,
खुद को ढूंढने में पुरा दिन गुजार दूं।
मैं तुम्हें msg करूं,
और तुम reply देना भुल जाओ।
चलो न फिर से जीते हैं उन्ही लम्हों को।

चलो न जिन्दगी के disply में,
कहीं reverse का option ढुढते है।
चलो उस डायरी को फिर पलटते है,
जिस पर अब कुछ लम्हें जम गए है।
चलो न फिर से उन्हीं लम्हों को जीते हैं।

चलो न फिर से,
उसी क्लास में बैठते है।

जहाँ वक्त थम सा जाया करता था।
तुम फिर मेरी कापी लेकर,
Effect की spelling सही करो।
चलो न फिर से जीते है उन्हीं लम्हों को।
चलो न!

मैं तुझे जान ही नहीं सका आजतक,

तु अगर हैं तो फिर तेरा कोई चमत्कार क्यो नहीं!

30. क्या मेरे बिना भी तुम हो

निराधार है
या फिर कोई आधार है।
क्या ऐसे ही भागते हैं लोग तर्कों से,
या फिर जबाब नहीं है।
तुम आओगे या फिर लगा दू,
प्रश्नचिन्ह तुम्हारे अस्तित्व के आगे?

मैं तुम्हें कहा ढुंढु,
आस्तिक और नास्तिक के तर्कों के बीच।
या फिर खुद को श्रेष्ठ दिखाते,
इंसानियत का कत्ल करने वाले,
मजहबो कि इन लड़ाइयों के बीच।
क्या तुम रहते हो यहां इन मजहबो के बीच?

तुम्हारी सत्ता है,
इंकार नहीं करता मैं इस बात से।
लेकिन क्या तुम मेरे बिना भी हो,
या फिर ये तुम्हारी सत्ता।
भगवान बताओ,
मेरे बिना भी तुम क्या भगवान हो?

तु तो एक है

ये मजहबी लड़ाईयां कितनी है!

31. अब लग रहा है

अब लग रहा है,
एक साथ हम कोई जंग नहीं लड़ पाएगें।
कोरोना से तो जीत जाएंगे,
लेकिन हम मजहबी लड़ाईयों में हार जाएगें।
अब लग रहा है!

इंसानियत से पहले,
वो मजहब देखता है।
खुद की सुनने से पहले,
वो किताबों कि सुनता हैं।
इन किताबों में ही,
लग रहा है हम उलझ जाएगें।
करोना से तो जीत जाएंगे,
लेकिन हम इन दंगों से हार जाएगें।
अब लग रहा है!

मजहब बस रह गया है,
अब उसके दिमाग में।
रंजिशें महसुस हो रही है,
अब उसके आवाज में।
इन मजहबो में ही,
इंसान लग रहा है टुट जाएगें।

करोना से तो जीत जाएंगे।
लेकिन इन रंजिशों से हार जाएगें।
अब लग रहा है!

जो है नहीं,
उसी पर ये बवाल है।
ये सब कुछ,
तेरे-मेरे खुदा का सवाल है।
वो भगवान है,
तो हिफाज़त खुद कर लेगा,
उसकी सुरक्षा खातिर,
फिर तुझे क्या मलाल है।।
अब भी न सम्भले हम,
तो फिर किसी का खुदा भी न आएगां।
कोरोना से तो जीत जाएंगे
लेकिन इन मंदिर-मस्जिदो से हार जाएगें।
अब लग रहा है!

तुम भुल गये मुझको, पर मैं याद करता रहा।

बस इश्क किया मैंने, कोई सौदा नहीं किया।

32. मैंने ऐसा नहीं किया

बेवजह ही,
तुम्हारे घर के सामने वाली सड़क से,
मैं कभी भी गुजरा ही नहीं।
औरो कि तरह,
गली में आकर हार्न बजाना,
मुझे कभी पसंद ही नहीं आया।

जब भी वहां से गुजरा,
दिल रख दिया वहीं,
धड़कने तेज हो गयी।
कोशिश तो बहुत किया मैंने,
पर हिम्मत नहीं हुई,
कि तुम्हारे घर को एक नजर झांक लूं।

नम्बर तो है तुम्हारा,
पर call नहीं कर सकता।
हर जगह जुड़ा तो हूँ तुमसे,
पर तुम्हारे post को सिर्फ like कर सकता हूँ।
पर्दे में रहकर भी,
मैं तुमसे कितनी मोहब्बत करता हूँ।
एक दिन तुम जरूर समझोगी।
एक दिन!

हम तो पत्थर है हमारा क्या,

तुम हीरे हो घर के, तुम्हारा महफूज रहना जरूरी है!

33. तुम ठीक हो न

तुम्हे ढुढते-ढुढते,
अब गुम सा हो जाता हूँ मै।
इन सियाह रातों में,
दुर कहीं खो जाता हूँ मैं।
अब नींद नहीं आती है,
पलकों तले ही रात गुजार देता हूँ मैं।
खैर छोड़ो मैं ठीक हूँ,
तुम बताओ, तुम ठीक हो न!

सुरज दस्तक तो देता है,
पर अब ठीक से सुबह नहीं होती है।
दिन अब कुछ ज्यादा बड़ा मालूम होता है,
और रातें तो जैसे कटती ही नहीं।
दौड़ता हूँ, भागता हूँ, चिल्लाता हूँ,
अब मेरी जिन्दगी मुझको बोझ सी लगती है।
खैर छोड़ो मैं ठीक हूँ,
तुम बताओ, तुम ठीक हो न!

मैं शुकूं ढूंढता रहा शहर-शहर जमाने में

जबसे खुद को जाना जीना आ गया!

34. लोग शुकुं ढूंढते है

भागते-दौड़ते
इन शहरों के बीच में,
या फिर ट्राफिक कि,
हरी टिमटिमाती लाइटों में,
लोग शुकुन ढूंढते है!

हाइवे पर खड़े,
किसी कैब को हाथ देते लोग,
भीड़ से भरी बस में,
किसी सीट के पास खड़े लोग,
बस एक शुकुन ढुढते है!

टिकट के लिए लाइन मे लगे,
अपने बारी के इंतजार में प्लेटफार्म पर।
चौकस बैठे,
अपने बस के इंतजार में बस-स्टॉप पर।
लोग शुकुन ढूंढते है!

अपने बॉस के डर से,
ऑफिस मे गुमसुम से रहनेवाले।
लेट होने के डर से,
घर से बीना खाए ही निकल जानेवाले।

ये लोग जिंदगी में शुकुन ढूंढते है!

आजाद नहीं कर पाए एक पंक्षी को,

कैसे खुद को मर्द कहोगे तुम!

35. स्त्री

स्त्री,
हां वो स्त्री है।
जिसके सपनों को तुमने कुचल दिया,
अपने अधिकार के आगें।
पर काट दिए जिसके,
आसमां में उड़ने से पहले ही।
हां वो स्त्री है!

उसे भी मन करता है,
अपनी जिंदगी अपने अनुसार जीने का।
उसके भी कुछ ख्वाब होते है,
जो आँखों के कोने में कहीं सहमे होते है।
उसका भी मन होता है,
इन सियाह रातों की खामोशी को पढ़ने का।
पर क्या होता है,
नोच खाते हो न, उसे अकेले देखकर।
और वो बस चिल्ला पाती है,
क्योंकि वो स्त्री है न!

कभी लोक-लाज के डर से,
तो कभी परम्पराओं की बेड़ियों में।
बस बांध देते हो न,

जब खुद के अंदर के शैतान को नहीं मार पाते हो तो।
मर्द हो न,
तो फिर ये मर्यादानगी खुद पर क्यों नहीं दिखाते हो।
सड़क के किनारे,
सुनसान अंधेरी रातो में।
दरिंदों के दरिंदगी के बाद,
दर्द से कराहती,
किसी स्त्री का दर्द महसूस किया है कभी।
महसूस करना,
मर्द होने का भ्रम दूर हो जाएगा।
ये सब कुछ सोचकर चुप रहती है,
क्योंकि वो स्त्री है न!

अपने ख्वाबों को,
वो अपने आंखों में ही दफना देती हैं।
अपने आंसू को,
वो खुद ही पी लेती हैं।
क्योंकि वो जानती हैं,
कि इन आंसुओं कि कोई कीमत नहीं है,
इन नामर्द मर्दों के आगे।
वो दुसरों कि खुशी में ही,
अपनी खुशी मान लेती हैं।
वो बस जीती हैं एक झूठी मुस्कान लिए,
क्योंकि वो स्त्री हैं न!

कभी-कभी ये चंद शब्द

बयां बहुत कुछ कर देते है।

36. ये चंद शब्द

ये चंद शब्द,
जो बोल देते वो सारी बात,
जिन्हे लम्बी-लम्बी बाते बयां नहीं कर पाती हैं।
ये चंद अल्फाज़,
जो हमसे होते हुए,
हमारे अंदर चले जाते हैं,
सीने में जो मुठ्ठी भर का दिल है न,
शायद उसके बहुत करीब।

कभी-कभी यही चंद अल्फाज़,
हमें गुदगुदी भी करते हैं,
लेकिन कभी-कभी,
दर्द की आंह लिए यही अल्फाज़,
हमारे आंखों को नम कर देते हैं।

ये चंद पंक्तियाँ,
युं ही नहीं लिखी जाती हैं।
कोई कवि निकाल कर रख देता है,
अपने अंदर के चोट को या दर्द को,
कोरे कागज पर।
दिल के दरारों से रिसते,
लहू की स्याही से रंग देता है कोरे कागज को।

और फिर दर्द से छटपटाते यही एक - एक शब्द,
एक-एक किताब की कहानी बंया करते हैं।

वह अकेले नहीं थी,

उसके हाथो मे मां-बाप के हाथ भी थे।

37. जब कोई दिल तोड़ा था

जब किसी लड़की ने तुम्हारा दिल तोड़ा था,
और शादी के लिए इंकार किया था।
तब वह जुड़ी थी,
अपने पिता कि पगड़ी से।
अपने मां के आंचल से,
अपने भाई के राखी से।
वह डरी थी,
समाज के तिरस्कार से।

वह तुम्हे एहसास नहीं होने दी थी,
लेकिन चोट तुमसे कही ज्यादा लगी थी उसे,
खुद को गुनहगार कर लिया उसने, तुम्हारी नजरो में।
लेकिन अपने परिवार को बचा लिया,
समाज की नजरो में गुनहगार बनने से।

तुम उसे समझ नहीं पाये,
वह बधी थी तुम्हारी ही बनाये
फिजुल समाजिक नियमों में।
तुम दोष देते रहे उसे,
उसने उफ्फ तक नहीं किया।

दोष उसका नहीं था,
दोष समाज का था।
तुम्हारा दिल तोड़ कर
तुम्हे दर्द उसने नहीं दिया था।
ये गुनाह समाज ने किया था।
काश! तुम समझ पाते।

खयाल

कुछ अल्फ़ाज़ जो न कविता बन पाये

और न ही गजल बन पाये

लेकिन एक खुबसूरत ख्याल बन गये..।

38. राधा बनना आसान नहीं

किसी के प्रेम मे,
राधा बनना आसान है,
लेकिन मुश्किल होता हैं बहुत मुश्किल
राधा बने रहना।

जानते हो क्यों?
क्योंकि राधा का मतलब प्रेम होता है, निस्वार्थ प्रेम,
इंतजार होता है, बहुत लम्बा इंतजार।

राधा कृष्ण से अलग होकर भी
कभी कृष्ण से अलग नहीं हुईं,
हृदय मे सदा कृष्ण रहे, सपने हमेशा
कृष्ण से ही ओतप्रोत रहे।

जीवन मे सबकुछ पा लेने के बाद भी राधा ने
सिर्फ और सिर्फ कृष्ण को ही मांगा।
राधा बेसक कृष्ण को नहीं पा सकी,
लेकिन सदा के लिए कृष्ण की हो गई।

" बेसक मंजिलें हमारी अलग-अलग होगीं, फिर भी

मै कृष्ण हो जाऊंगा, तुम बस राधा बने रहना।"

39. सबकुछ भुलाया जा सकता है

ना ना, अब मुझे ये मत समझाओ
कि कुछ यादों को भुलाया नहीं जा सकता हैं,
कुछ चेहरो को आंखों कि परतो से हटाया नहीं जा सकता
हैं।
सबकुछ भुलाया जा सकता हैं,

ठीक वैसे ही
जैसे कोई आशिक दूसरी मोहब्बत
पा लेने के बाद पहली मोहब्बत की
दीवानगी भुल जाता है।
सिर्फ ये वहम होता हैं, झुठ होता हैं कि
'तुम्हारे बाद मेरे जीवन में कोई और नहीं आयेगा।'

वक्त उसकी पहली मोहब्बत की
सारी दीवानगी, सारी तड़प,
सारी बातें उसके जहन से
इन हवाओं के साथ उड़ा ले जाता है
या फिर उसपर लम्हों की
एक मोटी सी परत डाल देता है
जिसे लाख साफ करने बाद भी

फिर याद

वह फिर नई जैसी नहीं हो पाती हैं।

आज बारिश के साथ
जब तुम्हारी याद नहीं आई तब
मैंने ये महसूस किया कि
मैं भी शायद अब तुम्हे भुलने लगा हूँ.....

"ये वक्त है सब कुछ उड़ा ले जाएगा,
फिर मैं क्या.... फिर तुम क्या।"

40. राज हमेशा राज नहीं रहता

कोई राज हमेशा राज नहीं रहता,
एक समय बाद वह बे-राज हो जाता है,
महत्वहीन हो जाता है,
फिर उस पर कोई सवाल नहीं उठता।

कोई कहानी हमेशा किसी
दिल के दीवारों में कैद होकर
नहीं रह सकती, वह छप जाती हैं
या तो किताबों में या फिर लोगो के जुबानो पर,
और फिर पढ़ने वाला उसे
अपनी कहानी मानकर पढता है,
उस कहानी को महसूस करता है।

तुम्हारी और मेरी कहानी भी
अब ठीक इस मोड़ पर है,
अब सारे राज महत्वहीन हो गये हैं,
अब कोई सवाल नहीं उठ सकता,
कोई उंगली नहीं उठ सकती।

क्योंकि अब मैं तुम्हारा नहीं हूँ और तुम मेरे नहीं हो।

"किताब में ढल गये वो सारे अफसाने
जिन्हें इस शहर से कभी छुपाया गया"

41. तुम्हारी याद

तुम्हारी याद,
किताब में रखे किसी अनजान,
गुलाब के जैसे होती हैं।
जो आचानक एका-एक
किताब की शफा को पलते हुए
दिख जाती हैं।

और मैं किताब कि
कहानियों को भुलकर उस सुखे गुलाब कि
खुशबू में खो जाता हूँ।
वो खुशबू धीरे-धीरे फिर
मेरे पुरे कमरे फैल जाती हैं।
दीवारो पर तुम्हारे साथ बिताए लम्हें तैरने लगते हैं।

मैं पुरी तरह ठीक वैसे ही
तुम्हारी यादों में सराबोर हो जाता हूँ
जैसे बहती हूई नदी अपने रास्ते में
आए पत्थरो को कभी-कभी सराबोर कर देती हैं।

" यूं ही कभी खुलती हैं मेरी डायरी
और पूरा कमरा तुम्हारी यादो से महक उठता है।" ??

42. सिंगल लोग

जानते हो
सिंगल लोगो की एक
बहुत अच्छी खुबी होती है,

इन्हें फर्क नहीं पड़ता कि
कब हवाए ठंड हुई,
कब बारिश की नन्ही-नन्ही बूँदो ने
तपती जमीं को कुछ राहत दिया,
कब गुलाब के पौधो पर फुल आए और
कब भीगते हुए किसी आशिक ने
अपने महबूब को याद किया।

ये हमेशा एक-सा रहते हैं,
जैसे समुद्र को कभी फर्क ही नही पड़ता कि
उसमे कब कौन सी लहर उठी,
बिल्कुल शांत, अपने मे मस्त।

" मैंने देख लिया प्रेम मे पड़ कर भी,
अब मेरी दिली इच्छा है अकेला होने की। "

43. प्रेम कम हो जाता है

हाँ, तुम्हारा न मिलना ही मेरे लिए ठीक था,
जानती हो
हम इंसानों कि एक बहुत बुरी आदत होती है,
और वो ये कि जिसे आदमी
हासिल कर लेता है उसके प्रति
आदमी का लगाव कम हो जाता है,
इच्छाएँ मर जाती हैं, प्रेम कम हो जाता हैं।

सारे कसमें, सारे वादे हवा के साथ
तिनकों कि भांति उड़ जाते हैं।
मैंने ऐसी कोई कहानी नहीं सुनी
जो मुकम्मल होकर मशहूर हूई हो,
मैंने हर मशहूर कहानियां अधूरी ही सुनी है।

जानती हो क्यों,
क्योंकि जो कहानियां मुकम्मल हो जाती हैं
उन कहानियां का अंत हो जाता हैं
लेकिन जो कहानियां अधूरी रह जाती है
वो अपने अंत के लिए कयामत तक इंतजार करती है
और कयामत तक जीवित रहती है।
लोगो के दिलो में,

"तुम मिल गये होते तो कहानी ही क्या होती,
तुम न मिले..... कहानी तो इस बात की है।"

44. अकेला होना बेहतर होता है

कभी-कभी अकेला हो जाना बेहतर होता है
हाँ बिल्कुल अकेला, बिल्कुल भावहीन
जानते क्यो??

क्योंकि तब किसी से कोई अपेक्षाएँ नहीं होती है
उस समय सारे भाव,
किसे के साथ की सारी आकांक्षाएँ
शून्य हो जाती है
और तब कोई आपको hurt नहीं कर सकता,
कोई आपको तोड़ नहीं सकता।

उस समय होती है तो
सिर्फ और सिर्फ खुद कि फिक्र,
खुद का बोध, खुद का आभास।।

"बहुत परेशां था वह किसी के साथ
बेहतर लगा उसे अकेला हो जाना।।"

45. पड़ाव

कुछ यात्राएं होती हैं जिनका अंत नहीं होता,
जिनकी कोई मंजिल नहीं होती,
... सिर्फ पड़ाव होता हैं।
जैसे आजकल के कुछ विडिओ गेम्स में होता हैं,
जिनका कोई अंत नहीं होता,
... सिर्फ प्वाइंट्स होते हैं।

कभी-कभी प्रेम मे ऐसी यात्राएँ करनी होती है,
ये जानते हुए भी, कि आगे मंजिल नहीं है।
चलना पड़ता है,
हर एक पड़ाव के लिए,

क्योंकि यहीं पड़ाव यादगार रह जाते हैं,
दिल को सुकून देते है
और कभी-कभी यही पड़ाव,
प्रेम कहानीयों को अमर कर देते है।

"मंजिल कहाँ मिलती है मोहब्बत मे,
अमर होने के लिए कहानी का अधूरा होना जरूरी है ।"

46. Flash Back

ना ना फिर मुझे flash back में जाने को
मत कह ऐ जिन्दगी,
बहुत मुश्किल से मैनें वहां से move on किया है।
ठीक वैसे ही जैसे सर्कस का कोई जोकर
पहली बार आग के गोले को पार किया हो।

हां माना कि मैं फिर कुछ दिनो के लिए
अपने पुराने शहर में ही हुं लेकिन
मेरा अंदाज अब नया हैं,
मेरा attitude अब थोड़ा बदल सा गया है
अब मैं responsibility से दबकर
Enjoyment को दरकिनार नहीं करता हूँ।
अब मुझे कामयाब होने की कोई जल्दी नहीं है
क्योंकि मैं अब समझ चुका हूं कि
"मकान बनने से ज्यादा समय महल बनने में लगता है।"

अब मानो मेरे Life tree के शाखाओं पर
नये पत्तो ने जगह ले लिया है,
पहले मेरे आंखों के सामने जो अंधेरा था
उसे कोई झिलमिलाता हूआ जूगनू दिखायी दे रहा हैं
बेसक अभी ये रोशनी थोड़ी कम लेकिन कुछ उम्मीद तो
है।

अब ऐसे लग रहा हैं कि ये दूनिया बहुत बड़ी है।
बहुत से ऐसे विचार है जो अभी अनछुए से है
जिसे परत दर परत हाटाना अभी बाकी है।

"ये जिन्दगी बेसक तू थोड़ी कड़वी है..
लेकिन तुझे हर हाल में जीना भी तो हैं..! "

47. Self Love

कितना अच्छा होता है न स्वयं से प्रेम करना,
क्योंकि हमें तब किसी से कोई
शिकायत नही होती,
सामने वाले कि चुप्पी
हमारी Heart beat नहीं बढ़ाती,
फिर हम ये सवाल नहीं करते, कि "तुम हमे नहीं समझते
हो? "

भला खुद को खुद से बेहतर कौन समझ सकता है,

हम शायद यहां गलती करते है,
हम अपने Emotions किसी और मे देखना चाहते हैं,
हम ये चाहते है कि यदि हम रोये, तो सामने वाला भी
रोये।
हम हंसे तो सामने वाला भी हंसे...!

लेकिन ये प्रेक्टिकल नहीं है, सबकी दूनिया अलग-अलग है,
सबकी भावनाएं अलग अलग है।
और बस दूसरो से रखी गई यहीं अपेक्षाएं
हमे प्रेम मे दुखी करती है। हमारे दिल को ठेस पहुंचाती है।
ये अपेक्षाएं स्वभाविक है लेकिन सर्वथा गलत है।

जानते हो
इस दुनिया में सबसे खुश कौन है?
"जो खुद से प्रेम करता है।"

"खुशी के सारे लम्हे तेरे अंदर ही थे
नासमझ बेवजह तू औरो मे ढूंढता रहा।"

गजल

बहर, कफ़िया, रदीफ़ सबसे सजे हो तुम,

तुम ही तो मेरी मुकम्मल गजल हो।

48. कही ऐसा न हो

कही ऐसा न हो कि,
वो तुम से दूर होने लगे।
न चाहो किसी को इतना, कि उनको गूरूर होने लगे।।

हटा दो नजरे तुम,
झुक जाए नज़र जो उनकी।
गिरफ्त मे रखो ख्वाहिशों को, कि दिल न रोने लगे।।

खामोशी रखो लबों पें,
दो पल मे ऊब जाते है लोग।
उठ जाओ महफिल से, बोर जब वो तुमसे होने लगे।।

कुछ इस कदर तुम,
उनकी बेरुखी का सिला दो।
नजर न मिलाओ तुम, जब नजर अंदाज वो करने लगे।।

कौन लिखेगा दवा तुम्हारी,
हकीम-ऐ-दिल मिलते कहा है।
सिलकर रखो दर्दों को "कसक",आखो से अश्क न बहने लगें

49. सह लुंगा जमाने का दर्द

सह लुंगा जमाने का दर्द,
बेरुखी तुम्हारी सह न पाऊंगा।
गिर कर तुम्हारी निगाहो से, हाय मैं कहा जाऊँगा।।

तोड़ दो सब रंजिशें तुम,
रखकर कदम दिले-दहलीज पर।
समेट लो मुझे निगाहो में, वरना हाय मैं बिखर जाऊँगा।।

बोलता कहाँ हूँ मैं किसी से,
इक्तफाक हैं कि तुमसे बोल दिया।
मिलेगें तुम्हें हजारो, पर मैं किसी से कुछ कह न पाऊंगा।।

डराने लगे हैं ख्वाब भी अब,
तुम तो हमें सम्भाल लो।
भर लो निगाहो में हमे, तुम्हारी पनाहो से दूर कैसे
जाउँगा।।

खता बस इतनी हैं मेरी,
दो कदम तुम्हारी तरफ बढ़ गया।
कह दो सिर्फ एकबार, फिर मैं तुम्हारे करीब न आऊंगा।।

50. चुप रह कर तुम क्यो

चुप रह कर तुम क्यो बेचैनियां बढा देते हो।
कहो न किस बात कि हमको सजा देते हो।।

शिकवा हो कोई तो गिला करो तुम मुझसे।
क्यो बात-बात पर हमको रुला देते हो।।

रकीब है दिल में या बात कुछ और है,
क्यो नहीं हमको साफ-साफ बता देते हो।

हो गये है बहुत चाहने वाले तुम्हारे ग़र,
तो फिर क्यों नहीं हमको तुम विदा देते हो।

डर है ग़र तुमको इस नाचीज़ ज़माने का,
तो क्यों नहीं इश्क से हाथ हटा लेते हो।

51. हम दिल लगा बैठे

एक अजनबी के लिए हम,
आंखों में अश्क सजा बैठे।
फंस गए बातों के लतिफो में, बेवजह ही हम दिल लगा
बैठे।।

रो-रो कर फरियाद,
करती रही मंजिल मेरी।
पर इश्क में हम, सब कुछ दांव पर लगा बैठे।।

जख्म हरा है अभी,
दिया है अपनो ने मुझको जो।
एक और दर्द के लिए, हम उन्हैं अपना बना बैठे।।

दुर-दुर तक रिश्ता न था मेरा,
अनभिज्ञ था शहर के मयखानों से।
निगाह जबसे मिली, उनकी नजरो का नशा चढ़ा बैठे।।

सुकुन छीना गया मेरा,
खुशियां मेरी नीलाम हो गई।
लगने लगा है अब, कि हम अपनी जिंदगी गवां बैठे।।

52. दीवाना हूँ तेरा पर

दीवाना हूँ तेरा पर मैं दीवानगी कर नहीं सकता,
रुसवा हूँ तुमसे पर नाराजगी कर नहीं सकता।

चाहता हूँ घुमु मैं हर शाम तुम्हारी गलियों में,
आवारा हूँ पर मैं ये आवारगी कर नहीं सकता।

गीत, कविता, गजल सब लिखना चाहता हूँ,
शायर हूँ पर तुझपे शायरी कर नहीं सकता।

चांद तारे या फिर ही रब बना दुं मैं तुम्हें,
कारीगर हूँ पर ये कारीगरी कर नहीं सकता।

चाहता हूँ तुम्हारे दिल पर मैं कब्जा कर लू,
चलती तो हैं पर ये दादागिरी कर नहीं सकता।

53. चाहता बहुत मैं तुमको

चाहता बहुत हूँ मैं तुमको,
तुम्हे शिकायत है जताता नहीं हूँ।
उठ न जाए उंगलियां जमाने की, इसलिए सामने आता
नहीं हूँ।।

तश्वीर रहती हैं तुम्हारी,
अक्सर निगाहों में मेरी।
और कहती हो तुम कि, नजरे मिलाते नहीं हो।।

अथाह इश्क है मुझे तुमसे,
खफा न हो जाओ कहीं तुम।
इसलिए मैं तुमको कभी ये बताता नहीं हूँ।।

सुरत नहीं सीरत है तुम्हारी,
जो पागल की है मुझको।
मैं हर किसी से यूं, दिल लगाता नहीं हूँ।।

खता हो गई हो कोई मुझसे,
तो अपना समझ माफ करना।
यूं मैं हर किसी से, हाले-दिल सुनाता नहीं हूँ।।

54. चलो तन्हा जिंदगी बिताई जाए

नम होती जा रही है आंखे,
हाल तुमसे क्या बताई जाए।
बिखर गए खुशियों के मोती, पलको से उन्हें कैसे उठाई
जाए।।

मजबूर तुम भी हो,
मजबूर हम भी है।
मंजिल से कस्ती अपनी, दुर कैसे ले जाई जाए।।

पाओ मंजिल तुम अपनी,
कामयाब हम भी हो जाएगें।
बिछड़ना तो था ही, फिर रोकने को हाथ कैसे बढाई जाए।।

इतनी लापरवाह नहीं है,
दिल कि ये चाहते मेरी।
जी रहे है मंजिल कि खातिर, तो फिर साजिशे क्यो रचाई
जाए।।

परेशां तुम न होओ,
सिर्फ हमको ही रोने दो।

खता मेरी है ये, फिर सजा तुम्हें क्यो सुनाई जाए।।

वीरान होगी दुनिया मेरी,
अश्क रहेंगे पलको तले।
हंस लिए बहुत 'कसक', चलो अब तन्हा जिंदगी बिताई
जाए।।

55. क्यो मुस्कुरा गए तुम

नाजुक है अदा, खुदसुरत है नादानिया तेरी।
अब तो दिल को छू रही है मेहरबानीया तेरी।।

जाते-जाते क्यो मुस्कुरा गये तुम।
बड़ी उलझन में है अब परेशानियाँ मेरी।।

नादान है दिल मेरा, आँखों की भाषा समझता नहीं।
कुछ-न-कुछ तो कहती होगीं नजरो छेड़खानियाँ तेरी।।

देखकर तुझे जीना, ख्वाबों में तेरे खोना,
दिल यू ही करने लगा है खिदमतदारियाँ तेरी।

इश्क है तो जता दो या कोई कमी ही बता दो,
नहीं पसंद इस तरह बेरुखी से साझेदारियाँ तेरी।

56. तेरा मुस्कुराना याद आता है

तेरे साथ गुजरा वो जमाना याद आता है।
मुझे देखकर तेरा वो शर्माना याद आता है।।

नजरे मिला के नजरो से ये हमनसी,
तेरा वो पलके झुकाना याद आता है।

तेरी हर एक अदा घर कर चुकी थी दिल में,
खफा होकर तेरा वो तड़पाना याद आता है।

पागल-सा वो दीवानापन मेरा,
हँसी लबों का तेरा वो मुस्कुराना याद आता है।

"कसक " किस्मत मे नहीं थी मोहब्बत तेरी,
फिर भी तेरा वो तार-तार बिखर जाना याद आता है।

57. तुम्हारी मोहब्बत

समझ न आया मोहब्बत तेरी, वक्त यू ही गवा दिया।
इसी शहर में रहकर, तुमने मिलने का इरादा न किया।।

आयी तश्विर जब सामने तेरी, तब कुछ लम्हे ठहरे।
टटोल कर अल्फाज़ो को, कुछ नग्मे उन्हें सुना दिया।

अभी-अभी देखा था तुम्हें, अभी नजरे मिली भी नहीं थी।
बेपनाह प्यार का मेरे, नादान तुमने ये कैसा सिला दिया।।

रंजिशे थी तेरे-मेरे दर्मियाँ, या उल्फत कमजोर थी।
हैरान है 'कसक' कि क्यों तुमने हमको भुला दिया।।

58. कुछ लकीरें लाई जाए

किस्मत से कुछ लकीरें छीन लाई जाए।
सूरज को भी अब आंख दिखाई जाए।।

जी लिया बहुत इस रेत के शहर में,
चलो अब चांद पर घर बनाई जाए।

समुद्र उफान पर हैं आज तो क्या हुआ,
चलो तुफानी लहरो पर नाव चलाई जाए।

लघु-लघु दर्द मे आंख जो है अबतक भरे,
पोछकर उन आसुओं को मुस्कुराई जाए।

गिरकर उठते हैं उठकर गिरते हैं जहां,
चलो वहां अपनी भी दुनिया बसाई जाए।

59. बंदिशो को हटाया जाए

वक्त को वक्त कि आंच पर पकाया जाए।
बेहतर है अब इन बंदिशों को मिटाया जाए।।

बहुत बड़े है, होंगे! आप अपने शहर के
आपको मेरी औकात भी कुछ बताया जाए।।

माना मजबूत पकड़ हैं मिट्टी पर आपकी,
अब आपको दरिया भी दिखाया जाए।

मसल देते हैं पैरो तले चींटियों को आप,
आपको कील की हैसियत भी समझाया जाए।

कहा समझ सकेंगे किसी को आप
बेहतर है आपको अब होश में लाया जाए।